Vincenzo Siracusa

PEREGRINANTES IN SPEM

Vincenzo Siracusa

PEREGRINANTES IN SPEM

"Pellegrini di Speranza" Guida Spirituale per vivere il Giubileo del 2025

Edizioni Sant'Antonio

Imprint
Any brand names and product names mentioned in this book are subject to trademark, brand or patent protection and are trademarks or registered trademarks of their respective holders. The use of brand names, product names, common names, trade names, product descriptions etc. even without a particular marking in this work is in no way to be construed to mean that such names may be regarded as unrestricted in respect of trademark and brand protection legislation and could thus be used by anyone.

Cover image: www.ingimage.com

Publisher:
Edizioni Accademiche Italiane
is a trademark of
Dodo Books Indian Ocean Ltd. and OmniScriptum S.R.L publishing group

120 High Road, East Finchley, London, N2 9ED, United Kingdom
Str. Armeneasca 28/1, office 1, Chisinau MD-2012, Republic of Moldova, Europe
Printed at: see last page
ISBN: 978-613-8-39461-7

PEREGRINANTES

IN SPEM

"Pellegrini di Speranza"

Guida Spirituale per vivere il Giubileo del 2025

A CURA DI

Vincenzo Siracusa

Prefazione di P. Emiliano Antenucci O.F.M. Cap.

Preghiera introduttiva del Card. Angelo Comastri

Con un saluto beneaugurante

del Card. Walter Kasper e di Mons. Rino Fisichella

Gesù ci disse: Non avere
paura! C'è Dio che
viene ed è presente.
Avete speranza! Dio
è la nostra speranza e
ci dò la mano per il
nostro pellegrinaggio.

Walter Card. Kasper.

Gesù ci disse: Non avere paura! C'è Dio che viene ed è presente.

Avete speranza! Dio è la nostra speranza e di da la mano per il nostro pellegrinaggio.

Walter Card. Kasper

DICASTERO PER L'EVANGELIZZAZIONE

SEZIONE PER LE QUESTIONI FONDAMENTALI DELL'EVANGELIZZAZIONE NEL MONDO

Il Pro-Prefetto

Città del Vaticano, 03 ottobre 2023

Caro Vincenzo,

ti ringrazio per la copia del testo "Peregrinantes in Spem, vivere come fratelli il Giubileo del 2025", di cui mi hai voluto omaggiare personalmente.

Il testo è degna testimonianza del senso di fraternità universale.

Il pellegrinaggio, infatti, non è un'esperienza solitaria, bensì un tempo di compagnia con i fratelli e le sorelle nella fede.

Ti ringrazio ancora per l'omaggio e rinnovo le mie più sincere congratulazioni.

✠ Rino Fisichella

INDICE

Preghiera introduttiva

Pietro, apostolo di Gesù!

Tu hai lasciato la Galilea per venire a Roma, spinto dal desiderio di portare a tutti la Parola di Vita eterna, che avevi ascoltato dalla voce viva del Maestro. Prega affinché noi oggi siamo missionari coraggiosi del Vangelo, per seminare la speranza nel disperato vuoto della società moderna Pietro, roccia della Chiesa!

Gesù ti ha amato e ha pregato per te.

E ha trasformato la tua debolezza in cemento forte di unità, affinché attorno a te fiorisca la comunione, che rende la Chiesa un prodigio di Dio dentro la storia.

Prega affinché siamo una cosa sola, per offrire al mondo diviso il miracolo della nostra unità.

Pietro, primo Papa!

Proteggi il tuo Successore che vive qui, dove tu hai trovato il "Calvario" della crocifissione. Raccogli attorno al Papa l'intercessione dei Santi Pontefici e di tutti i martiri, che hanno fatto di Roma una terra benedetta.

Fa' che questo luogo sia giardino di virtù e faro di verità per presiedere con la carità l'una santa cattolica e apostolica Chiesa. Amen.

Angelo Card. Comastri

PREFAZIONE

Il testo dell'amico Vincenzo Siracusa è un “bagno” di fede e di speranza per entrare nella porta santa del santo giubileo del 2025. Il pellegrinaggio esteriore, richiama quello interiore del cuore, per essere guidati dallo Spirito Santo, alle sorgenti della grazia e della salvezza. Si può essere pellegrini di speranza, passando attraverso il silenzio di Dio, la Sua passione dolorosa, l'abbandono nel Padre della misericordia, solo così la presenza del Risorto ci sorprenderà. Ogni pellegrinaggio, comporta un cammino umano e spirituale, per “adorare il Padre in spirito e verità (Gv, 4,23-24)”.

Il Giubileo del 2025 è l'opportunità che la grazia di Dio ci dà per vivere insieme agli altri la conversione continua del proprio cuore. È un'occasione per rinnovare le virtù teologali e fondamenti della fede, della speranza e della carità. L'itinerario di questo libretto offre lo spunto per riflettere e per meditare, perché l'uomo è una canna pensante, come dice Pascal, ma nella sua fragilità scopre l'ospite divino dentro di sé. Molto significativi sono gli autori citati e le riflessioni sulla Madonna, Madre della Speranza, e sulla Passione del Signore che “è la più grande e stupenda opera del Divino Amore (San Paolo della Croce)”.
Questo scritto introduce i pellegrini ad amare sempre di più il Signore Gesù, Maria, la Chiesa e il Santo Padre.

Troppe volte si leggono sui social disprezzo per la Chiesa e il papa, ma ricordiamoci sempre quello che scriveva san Cipriano: “nessuno può avere Dio per Padre, se non ha la Chiesa per Madre”.

Padre Emiliano Antenucci

Rettore del Santuario della Madonna del Silenzio in Avezzano (AQ)

PRESENTAZIONE

Con Dio, ricco di misericordia, pellegrini di Speranza. È questo il desiderio di Papa Francesco per l'anno di grazia che vivremo sotto lo sguardo e l'azione risanatrice di Cristo pellegrino con noi. Il Giubileo è il cammino di conversione del cuore per far sperimentare la gioia del seguire il Signore che viene a noi, con l'azione salvifica della Porta Santa. A questo scopo Papa Francesco ci indica il sentiero che come unica chiesa siamo chiamati a percorrere e cioè portare ad ogni fratello e sorella il Vangelo del Risorto.

Dobbiamo tenere accesa la fiaccola della speranza che ci è stata donata, e fare di tutto perché ognuno riacquisti la forza e la certezza di guardare al futuro con animo aperto, cuore fiducioso e mente lungimirante. Il prossimo Giubileo potrà favorire molto la ricomposizione di un clima di speranza e di fiducia, come segno di una rinnovata rinascita di cui tutti sentiamo l'urgenza. Per questo ho scelto il motto Pellegrini di speranza.

Tutto ciò però sarà possibile se saremo capaci di recuperare il senso di fraternità universale, se non chiuderemo gli occhi davanti al dramma della povertà dilagante che impedisce a milioni di uomini, donne, giovani e bambini di vivere in maniera degna di esseri umani. Penso specialmente ai tanti profughi costretti ad abbandonare le loro terre. «Ciò che la terra produrrà durante il suo riposo servirà di nutrimento a te, al tuo schiavo, alla tua schiava, al tuo bracciante e all'ospite che si troverà presso di te; anche al tuo bestiame e agli animali che sono nella tua terra servirà di nutrimento quanto essa produrrà» (Lv 25,6-7).

(Lettera del Santo Padre Francesco a S.E. Mons. Rino Fisichella per il Giubileo 2025).

In questo Giubileo lasciamoci sorprendere da Dio. Lui non si stanca mai di spalancare la porta del suo cuore per ripetere che ci ama e vuole condividere con noi la sua vita" (MV, 25). Affidiamoci alla Vergine Maria, Pellegrina di Speranza, perché accompagni il nostro cammino verso la Porta Santa.

Il SILENZIO DI DIO

Alle sorgenti del silenzio, la parola di Dio scruta con intelligenza e sapienza il nostro cuore. In questo Giubileo, la consapevolezza non risparmia forza. Ella ci riporta alla scoperta di noi stessi e al fatto di essere vivi in forza della ragione. La scrittura in questo ci aiuta in due modi: il primo lo possiamo leggere dalla intensità dei salmi, il secondo dalle varie esperienze cristiane dopo Cristo. Spiego meglio questi due concetti sottolineando nel primo caso l'esperienza salvifica che tocca la Parola di vita e a cui dona la sua esistenza con una splendida testimonianza che nel salmo è quindi nella lode le nostre parole in maniera tanto raffinata vengono accompagnate usando una frase biblica: In te Domine speravi (cf. S al 31,2).

Nel secondo caso invece il cristiano attraverso un dialogo intimistico col suo Dio, ha avviato non soltanto a parole, ma con l'apertura silenziosa di sé, facendosi ritratto dei primi discepoli.

Un grande pensatore dell'Ottocento, credente autentico, il filosofo danese Soeren Kierkegaard, descriveva cosi il suo rapporto con Dio: «Quando la luce della verità arriverà dinanzi a me, dirò: sei Tu forse Signore? Non tarderà ad arrivare la sua risposta che sarà: Grazie a te, infinito amore, Grazie a te, amico mio, per l'uso meraviglioso che io ho potuto fare di te». Diciamolo questo rapporto dell'uomo con Dio non è altro che un rinnovarsi dentro storia della salvezza che Dio dirige. Ed allora, comprendiamo come la sorgente di tutto sta proprio in questo divenire ascendente.

In questo cammino non può non mancare la riflessione di Sofocle che dice: "Molte cose sono le cose mirabili ma nessuna è più mirabile dell'uomo". A voler dirci come l'uomo nella sua unicità e bellezza, genera l'amore. In questo Dio che il creatore di ogni bene, possiamo allora smettere di cercarlo chissà dove, ho perfino nelle statue. "Non ti farai idolo né immagine alcuna di ciò che è lassù nel cielo né di ciò che è quaggiù sulla terra, né di ciò che è nelle acque sotto terra". Esodo 20:4-5. Dio ha già la sua statua vivente è cioè l'uomo. Quindi come la scrittura ci dice: Dio ha già la sorgente vivente da cui come un filo musicale raccoglie ogni figlio.

Ad esempio, leggiamo il salmo 27,20: "Mio padre e ni madre mi hanno abbandonato ma il Signore mi ha raccolto". Così anche nel Salmo 139 di cui riporto una parte, si evidenzia la paternità di Dio: "Non ti erano nascoste le mie ossa quando venivo formato nel segreto, ricamato nelle profondità della terra". È questa una via per giustificare l'asserzione della Genesi riguardo all'uomo «creato a immagine di Dio» (1,27). Viene spontaneo, allora, suggerire un altro ampio saggio, che solo evochiamo, dal titolo esplicito: L'umano, immagine filiale di Dio. È dentro questa immagine troviamo il "mistero" della fede è cioè l'uomo che ha la sua radice in Dio, e non semplicemente in un contesto soltanto umano, ma per la forza intimistica del Verbo e nella contemplazione del divino: l'epifania nel gaudioso mosaico della salvezza, rispecchierà nell'uomo appunto l'immagine del Dio vivente.

Sappiamo che l'uomo non vive da sé, ma per il dono di amore del Signore Gesù, morto e risorto diventa fonte di dono gratuito per altri. Da questo vorrei Da ultimo, vorrei riprendere la ben conosciuta preghiera di abbandono. di Charles de Foucauld, sono però parole che riprendono una meditazione sulla passione scritta dallo stesso de Foucauld in un momento particolarmente difficile della sua vita, poco prima di scegliere il deserto come luogo del suo apostolato.

Ciò che non sempre si ricorda, è che Charles de Foucauld immagina queste parole come una preghiera che Gesù stesso rivolge al Padre, nell'ora della croce. Ma essa diventa anche la preghiera che ciascuno di noi può fare sua, perché nella ricerca del suo volto, possiamo serenamente lasciarti rapire il cuore che va oltre la ragione, e decifrare i numeri della fede, proprio abbandonandoci come piccoli granelli di frumento che gettato sulla terra muore producendo tanto frutto.

E allora, come radice profonda, nascosta tra la sottile terra nuda, preghiamo con queste parole:

Padre mio,
mi abbandono a te,
fa' di me quello che vuoi.
Qualsiasi cosa Tu faccia di me
io ti ringrazio.
Sono pronto a tutto, accetto tutto.
Purché si compia la tua volontà in me,
in tutte le tue creature.
Non desidero altro, mio Dio.

Rimetto la mia anima nelle tue mani,
la do a Te, mio Dio,
con tutto l'amore che ho nel cuore,
perché ti amo,
e perché ho bisogno di amore,
di far dono di me
di rimettermi nelle tue mani senza misura,
con infinita fiducia,
perché Tu sei mio Padre.

L'UOMO È UNA CANNA PENSANTE

«L'uomo non è che una canna, la più fragile di tutta la natura; ma è una canna pensante. Non occorre che l'universo intero si armi per annientarlo: un vapore, una goccia d'acqua è sufficiente per ucciderlo. Ma quand'anche l'universo lo schiacciasse, l'uomo sarebbe pur sempre più nobile di chi lo uccide, dal momento che egli sa di morire e il vantaggio che l'universo ha su di lui; l'universo non sa nulla. Tutta la nostra dignità sta dunque nel pensiero. È in virtù di esso che dobbiamo elevarci, e non nello spazio e nella durata che non sapremmo riempire. Lavoriamo dunque a ben pensare: ecco il principio della morale».

In questa meravigliosa analisi troviamo le vette del pensiero filosofico e teologico che Pascal raggiunse consapevole che la malattia lo stava per sottrarre al mondo. La sua riflessione si muove tra ragione e sentimento, nell'ottica di persuadere i lettori alla ricerca sotto scorta della fede come unica forma sensata del vivere umano.

È proprio la ricerca di senso che muove gli esseri umani, i quali, nonostante non siano altro che canne, sono delle canne pensanti, il che li rende gli esseri più dignitosi proprio davanti la morte. Infatti, l'universo un giorno ci inghiottirà, ma esso non saprà nulla di tutto ciò, mentre noi, pur soccombendo, sapremo di essere annientati.

Il paradosso della nostra forza è anche la nostra debolezza, e viceversa. La coscienza, insomma, racchiude tutta la dignità umana, qualcosa di unico e speciale che per Pascal va devoluto alla ricerca ponderata, tra ragione e sentimento, della via verso Dio. Ferma è da parte sua la condanna della vita dedita ai divertimenti e alla vanità («non nella durata e nello spazio che non sapremmo riempire»), tutti moti di inutile irrequietezza, che ci distraggono dalla statica postura che si addice a una vita appartata, nel silenzio e nello studio. Le distrazioni ci impediscono di vedere esposta la nostra fragilità, ma anche di dare degno svolgimento a quella facoltà così unica che solo gli umani detengono.

Così, questo paradossale binomio "fragilità-pensiero" si condensa dentro l'immagine della canna pensante, che, povera, tende a fluttuare ad ogni colpo di vento, quando invece dovrebbe sforzarsi di resistere al divenire per fissarsi umilmente sulla sua precaria singolarità, pensando a Dio e alla promessa di salvezza, in conscia attesa della falce che la mieterà.

Oggi, però, nel clima culturale del pensiero debole, si ci cerca di imporre a tutti i costi un'etica diversa è incontenibile con le convenienze sociali. Per questo l'uomo in questo impedimento di proclamare la verità sul senso del vivere umano, deve sempre più radicarsi nel presente contesto culturale, per far sì che sia la mente e il cuore, diventino Verità personificata, sul calco della mano di Dio.

Dunque il pensiero di Pascal, ci aiuta a trovare nella nostra dimensione umana, la chiara consapevolezza di essere intimamente uniti al Padre, dal quale siamo inseparabili, con l'ineffabile ed eterno abbraccio del cielo che sovrasta ogni creatura umana è quindi anche la nostra carne fragile e pellegrina nel mondo. Lui la certezza, anche nella tribolazione: "Nel mondo avete tribolazione" (lett. afflizione). "Ma abbiate coraggio (dal greco tharséite), Io ho vinto il mondo" (Gv 16,33). Ed è attraverso la Sua continua vittoria sulla cultura della mondanità, che il mondo furibondo, intenzionato a lasciarsi devastare dal precipizio del male, ritrova di fronte al potere assoluto della scrittura: "Io ho vinto il mondo!". Dio non è avventatezza, non è arroganza, non è illusione. Dio corrisponde alla forza interiore che infonde nell'animo dell'uomo vuoto di sé: il Mistero Trinitario della salvezza. Generando dentro l'umanità il protagonista della storia della salvezza.

Scriveva Benedetto XVI, nella lettera enciclica Deus caritas est: "L'immagine cristiana di Dio e anche la conseguente immagine dell'uomo e del suo cammino”. Queste parole che andrebbero meditate in una prospettiva intimistica ci portano verso la conseguenza di intercettare nel silenzio, oltre il frastuono l’invisibile che agisce attraverso il nostro animo raffinato alla bellezza di Dio stesso. Ecco perché ci ritroviamo dentro una certa visibilità della presenza Trinitaria.

È importante allora lasciarci da Lui spasmare per riscoprirne il senso pieno e il valore unico della nostra vita. Per essere uomini interamente posti a somiglianza del sommo vero bene. Ed ancora in compagnia di Blaise Pascal, ci è caro leggere queste sue parole che non hanno bisogno di essere commentate, se non scrutate come uomini rivolti e proiettati all’assoluto di Dio. “Il finito si annulla davanti all’infinito e diventa un puro niente. Così il nostro spirito davanti a Dio, e la nostra giustizia davanti alla giustizia divina”.

DIO UOMO VIVO

Dio attraverso il Mistero dell'Incarnazione, ha preso dimora in ogni persona umana, conoscendo, e scrutando i cuori. Nell'Ascesi pasquale, potremmo dire che il Logos, non soltanto si fa carne, ma allo stesso tempo diventa sostanza viva e reale nella vita di ciascuno di noi. Anche quando siamo chiamati a fare sintesi della nostra storia personale, familiare, storia di amicizie e di rapporti sociali. Il "Logos" vive la storia del cristiano a partire dal passato, provocando e rovesciando il Venerdì Santo interiore in sguardo rivolto al Sabato Santo, contemplando la risurrezione. La risurrezione non viene dopo la morte, ma da dentro la morte. "Chi non ama rimane nella morte" (1 Gv 3,14).

Il Card. Angelo Bagnasco, parlando della pienezza del Cristo Risorto dice: "Nessuna ombra- nessun errore passato o presente può oscurare questo fatto che continua anche oggi: è il continuo parto di una umanità redenta e risorta.

A volte ci si ferma e ci si fissa su pagine scure e tristi, ma non sarebbe giusto saltare le innumerevoli altre, che testimoniano un mondo nuovo che è presente, che con Gesù è uscito dal sepolcro".

Per questo, nel travaglio della propria vicenda umana, il vero realismo diventa allora fede nella vita. Dice S. Agostino: "I discepoli vedevano il capo e non il corpo, noi non vediamo il capo, ma vediamo il corpo". Non vediamo il seme, ma vediamo l'immenso albero. Intendeva dire che la fioritura della Chiesa è un segno altrettanto eloquente della risurrezione di Gesù. Così anche alla nostra vita è chiesto di affinare lo sguardo, per saper riconoscere i segni dei tempi, e cioè attestare la sua stessa che guarisce, consola i nostri affannosi respiri della fede. Se il Signore è con noi nel buio delle nostre notti, lo è perché Lui è il Signore della gloria. Ed in Lui, l'uomo ripone il proprio spazio all'inconsistenza che uccide, distrugge tutto ciò che la Sua parola ha gettato sulla terra. Potremmo dire allora che nel memoriale del calvario, il silenzio si rigenera, ridonando all'uomo il segno dell'immortalità che appartiene a Dio.

L'uomo, in virtù del proprio battesimo, rivivendo l'annuncio pasquale, innestandosi della stessa sorgente di grazia, riceverà senz'altro il senso del tempo, il senso dell'eternità di Dio. Che cosa dobbiamo fare allora? Vivere l'umanesimo della storia, con lo sguardo rivolto come i discepoli del Signore: artigiani di un umanesimo che custodisce il vangelo dell'annuncio gioioso della Pasqua.

LA PRESENZA SORPRENDENTE

Gesù nella nostra vita è presenza sorprendente. Così anche il Giubileo, diventa presenza viva che sorprende e si entusiasma, fino a trattenere il Signore tra noi. Lo stupore dello sguardo semplice del Padre, ci dona sapienza antica e il germoglio della sua infinita misericordia. La fede che crea le condizioni per cui Gesù possa compiere molti prodigi e il seme produrre molti frutti. Il Giubileo ci ricorda che l'essere chiesa non significa camminare da soli: seguendo un proprio obbiettivo! Ma come afferma ancora oggi il Concilio Vaticano II: Popolo di Dio in cammino l'uno con l'altro. E la Chiesa siamo tutti noi, ministri ordinati, consacrati e laici, affermava Mons. Cataldo Naro: «In un mondo che sembra ancora lontanissimo dal Vangelo, non possiamo non sentire il dovere di una testimonianza che dica agli uomini e alle donne del nostro tempo, cominciando da quelli con cui noi abbiamo un concreto rapporto, quanto il Signore è stato importante nella nostra vita.

E una tale testimonianza, se nasce dalla fede, se è esigenza del nostro vivo rapporto col Signore, susciterà, seppure in forme da noi non prevedibili e non controllabili, un avvicinarsi di altri al Signore, un volgersi di pochi o di molti a lui».

La Chiesa, quindi tutti noi, ha la missione di farsi luogo di incontro, per annunciare la sapienza di Dio, secondo il progetto eterno che egli ha attuato in Cristo Gesù Signore nostro. Che cosa allora dobbiamo avere a cuore? La sincerità. "avendo a cuore di conservare l'unità dello Spirito per mezzo del vincolo della pace (Ef 4,3). Un esercizio che potrà sembrare difficile, ma quella sincerità che penetra nell'intimità più segreta, là dove sorgono i desideri, là dove si accendono gli entusiasmi e l'amore come ci suggerisce Papa Francesco in questo tratto di cammino, oggi la chiesa ha bisogno di gente appassionata di seguire il Buon Pastore e come lui raggiungere tutti i confini della terra, per essere unicamente tempio di Dio.

Il Giubileo che stiamo celebrando dal tema: “Pellegrini di Speranza”; vuole affermare con tutte le sue forze l’unità della Chiesa affinché si pratichi l’insegnamento del Concilio Vaticano II e offra parole di speranza per questo nostro tempo e sia così attraente da essere voce dello Spirito che plasma i cuori a farsi testimonianza della chiamata ricevuta. Ecco, allora perché il Giubileo è tempo di grazia durante il quale potremo sperimentare la presenza amorevole di Dio nella nostra vita, nella nostra storia, nelle nostre comunità e fare di questa presenza il motivo della nostra gioia cristiana: Cristo che è la misericordia del Padre che si rende visibile nel suo Figlio vivente. Dunque è sulla certezza che Dio è speranza che si fonda il Giubileo 2025. Per questo in questo tempo di grazia e di gioia, risuonino fortemente le parole del profeta Sofonia che svela il perché di tale speranza: «Rallegrati, figlia di Sion, grida di gioia, Israele, esulta e acclama con tutto il cuore…il Signore tuo Dio in mezzo a te è un salvatore potente. Gioirà per te, ti rinnoverà con il suo amore, esulterà per te con grida di gioia».

LA PORTA DELLA SPERANZA

Non stracciamo la Chiesa! Suona come una esortazione imponente questo messaggio che la porta della speranza giubilare, invoca oggi dinanzi all'uomo contemporaneo. Direi anche come una invocazione commovente che vuole invitare i suoi figli al raggiungimento della pienezza dell'unità della Chiesa, guidata dalla celeste protezione di Maria Santissima, Vergine e Madre di tutti i santi. Per questo non stracciamola: significa cerchiamo di sanare, abbracciare, baciare, le ferite del nostro tempo. Sapendo molto bene, che, Gesù, consegnando lo spirito, muore per amore. Muore per il nostro amore. consegnando alla Chiesa, il dono dello Spirito, tocca in profondità l'amore giunto al compimento della salvezza umana. A questo riceviamo la bellezza dell'unità della Chiesa, che avvolta dallo Spirito Santo, ci rende visibilmente immagine concreta dell'unico Salvatore del mondo.

Vorrei condividere con voi una bellissima preghiera del Card. Carlo Maria Martini, riguardante proprio la speranza dell'incontro tanto atteso con il Signore:

Signore Gesù, grazie perché ti sei fatto riconoscere nello spezzare il pane. Mentre stiamo correndo verso Gerusalemme e il fiato quasi ci manca per l'ansia di arrivare presto, il cuore ci batte forte per un motivo ben più profondo.

Dovremmo essere tristi, perché non sei più con noi. Eppure ci sentiamo felici. La nostra gioia e il nostro ritorno frettoloso a Gerusalemme, lasciando il pasto a metà sulla tavola, esprimono la certezza che tu ormai sei con noi.

Ci hai incrociati poche ore fa su questa stessa strada, stanchi e delusi. Non ci hai abbandonati a noi stessi e alla nostra disperazione. Ci hai smosso l'animo con i tuoi rimproveri. Ma soprattutto sei entrato dentro di noi. Ci hai svelato il segreto di Dio su di te, nascosto nelle pagine della Scrittura. Hai camminato con noi, come un amico paziente.

Hai suggellato l'amicizia spezzando con noi il pane, hai acceso il nostro cuore perché riconoscessimo in te il Messia, il Salvatore di tutti.

Quando, sul far della sera, tu accennasti a proseguire il tuo cammino oltre Emmaus, noi ti pregammo di restare.

Ti rivolgeremo questa preghiera, spontanea e appassionata, infinite altre volte nella sera del nostro smarrimento, del nostro dolore, del nostro immenso desiderio di te. Ma ora comprendiamo che essa non raggiunge la verità ultima del nostro rapporto con te. Per questo non sappiamo diventare la tua presenza accanto ai fratelli.

Per questo, o Signore Gesù, ora ti chiediamo di aiutarci a restare sempre con te, ad aderire alla tua persona con tutto l'ardore del nostro cuore, ad assumerci con gioia la missione che tu ci affidi: continuare la tua presenza, essere vangelo della tua risurrezione. Amen.

Signore, Gerusalemme è ormai vicina. Abbiamo capito che essa non è più la città delle speranze fallite, della tomba desolante. Essa è la città della Cena, della Croce, della Pasqua, della suprema fedeltà dell'amore di Dio per l'uomo, della nuova fraternità. Da essa muoveremo lungo le strade di tutto il mondo per essere autentici "Testimoni del Risorto". Amen»

Carlo Maria Martini, Partenza da Emmaus, Centro Ambrosiano di Documentazione e Studi Religiosi, Milano, 1983, pagg. 8-9.

L'anno Giubilare ci invita ad essere anche oggi, nelle nostre città, e comunità parrocchiali, discepoli di Gesù che si rendono disponibili per portare la speranza a volte antipatica, e fastidiosa nella società di oggi. Come direbbe in questo caso l'Enciclica ***Spe Salvi*** di Benedetto XVI: *Da cristiani* *non dovremmo mai domandarci solamente: come posso salvare me stesso? Dovremmo domandarci anche: che cosa posso fare perché altri vengano salvati e sorga anche per altri la stella della speranza? Allora avrò fatto il massimo anche per la mia salvezza personale.*

MARIA, STELLA DELLA SPERANZA

Sulla scia dell'enciclica "Spe Salvi" di Benedetto XVI, non possiamo non considerare significativa la presenza di Maria in questo Giubileo. Per questo prendendo il titolo proprio dal numero 49: "Maria, Stella della Speranza", vorrei soffermarmi sull'importanza della Vergine Maria nella vita della chiesa è quindi in ciascuno dei suoi figli. La storia della salvezza nasce proprio dall'Eccomi di Maria di fronte allo straordinario progetto di Dio che irrompeva in questa giovane fanciulla, certamente turbata, difronte a tale richiesta, ma che si fida immediatamente alla scelta di Dio che avrebbe comportato per la sua vita gioia e dolori. Sappiamo che Maria non fa alcun calcolo prima di rispondere all'Angelo Gabriele, ella sin da subito affida e vive pienamente l'eccomi che diventerà nella chiesa e per la chiesa: la dichiarazione suprema dell'amore generoso e incondizionato di una umile serva del Signore.

Oggi per noi, non è per niente facile ripetere come Lei, l'eccomi quotidiano della nostra vita, per questo l'invito che faccio è quello di pregare a Maria con queste semplici parole scritte dal Cardinale Angelo Comastri:

O Maria, Donna del sì, l'Amore di Dio è passato attraverso il Tuo Cuore ed è entrato nella nostra tormentata storia per riempirla di luce e di speranza. Noi siamo legati profondamente a Te: siamo figli del Tuo umile sì! Tu hai cantato la bellezza della vita, perché la Tua anima era un limpido cielo dove Dio poteva disegnare l'Amore e accendere la Luce che illumina il mondo.

O Maria, Donna del sì, prega per le nostre famiglie, affinché rispettino la vita nascente e accolgano e amino i bambini, stelle del cielo dell'umanità. Proteggi i figli che si affacciano alla vita: sentano il calore della famiglia unita, la gioia dell'innocenza rispettata, il fascino della vita illuminata dalla Fede.

O Maria, Donna del sì, la Tua bontà ci ispira fiducia e ci attira dolcemente a Te pronunciando la più bella preghiera, quella che abbiamo appreso dall'Angelo e che vorremmo non avesse mai fine: "Ave, o Maria, piena di grazia, il Signore è con te ..." Amen.

Mentre cogliamo i segni belli del suo singolare "Sì", sostenuti Maria, in questo tratto di speranza, non può non farci scuotere il massaggio profetico di questa preghiera appena citata, che ci incoraggia a cercare in Maria, il bene del cuore, il bene che conduce vero i fratelli che non conoscono l'alfabeto dell'amore.

Dunque, non possiamo fare a meno di Maria! La riscoperta, infatti, di tale "speranza" che affonda le sue radici nel Vangelo: della strada comune, che è la forza più sicura per camminare saldamente nella prospettiva che il Giubileo stesso si è prefissato per l'intera Chiesa di Dio.

L'esperienza dell'eccomi di Maria, dimostra inoltre che Maria, rappresenta davvero una incredibile promessa per la Madre del Figlio di Dio e, di conseguenza, per ciascuno di noi che pronunciamo quel nome milioni di volte, nelle più svariate occasioni, liete e tristi della nostra vita. vorrei citare il Venerabile don Tonino Bello, innamorato della Madonna, che oggi assieme a noi, in questo anno santo, pregherebbe con questa stupenda litania mariana dei nostri tempi. Ne cito solo alcuni: Maria donna feriale, donna dell'attesa, donna innamorata, donna accogliente, donna coraggiosa, donna in cammino, donna del silenzio, donna vera, donna del popolo, donna bellissima. Io aggiungo: Maria, donna della commozione eterna.

Lascio adesso il silenzio letterario, all'omelia sulla Madonna» di San Bernardo, Abate, Om. 4, 8-9; Opera omnia, ed. Cisterc. 4, 1966, 53-54:

Hai udito, Vergine, che concepirai e partorirai un figlio; hai udito che questo avverrà non per opera di un uomo, ma per opera dello Spirito santo.

L'angelo aspetta la risposta; deve fare ritorno a Dio che l'ha inviato. Aspettiamo, o Signora, una parola di compassione anche noi, noi oppressi miseramente da una sentenza di dannazione.

Ecco che ti viene offerto il prezzo della nostra salvezza: se tu acconsenti, saremo subito liberati. Noi tutti fummo creati nel Verbo eterno di Dio, ma ora siamo soggetti alla morte: per la tua breve risposta dobbiamo essere rinnovati e richiamati in vita.

Te ne supplica in pianto, Vergine pia, Adamo esule dal paradiso con la sua misera discendenza; te ne supplicano Abramo e David; te ne supplicano insistentemente i santi patriarchi che sono i tuoi antenati, i quali abitano anch'essi nella regione tenebrosa della morte. Tutto il mondo è in attesa, prostrato alle tue ginocchia: dalla tua bocca dipende la consolazione dei miseri, la redenzione dei prigionieri, la liberazione dei condannati, la salvezza di tutti i figli di Adamo, di tutto il genere umano.

O Vergine, dà presto la risposta. Rispondi sollecitamente all'angelo, anzi, attraverso l'angelo, al Signore. Rispondi la tua parola e accogli la Parola divina, emetti la parola che passa e ricevi la Parola eterna.

Perché tardi? perché temi? Credi all'opera del Signore, dà il tuo assenso ad essa, accoglila. Nella tua umiltà prendi audacia, nella tua verecondia prendi coraggio. In nessun modo devi ora, nella tua semplicità verginale, dimenticare la prudenza; ma in questa sola cosa, o Vergine prudente, non devi temere la presunzione. Perché, se nel silenzio è gradita la modestia, ora è piuttosto necessaria la pietà nella parola. Apri, Vergine beata, il cuore alla fede, le labbra all'assenso, il grembo al Creatore.

Ecco che colui al quale è volto il desiderio di tutte le genti batte fuori alla porta. Non sia, che mentre tu sei titubante, egli passi oltre e tu debba, dolente, ricominciare a cercare colui che ami. Levati su, corri, apri!

Levati con la fede, corri con la devozione, apri con il tuo assenso. «Ecco», dice, «sono la serva del Signore, avvenga di me quello che hai detto» (Lc 1, 38).

LA SAPIENZA DI DIO

Pensare al Giubileo, è pensarci pieni di gioia. Questa gioia che scaturisce dalla presenza salvifica di Dio, nella vita dei credenti. La vita della Chiesa "dentro la vita stessa di Gesù" ci riporta alla domanda: dove siamo in realtà? dove si svolge la nostra vita? in quale tempo camminiamo? Oggi diamo per scontato quotidianamente alla realtà del rumore, lasciandoci spesso impressionare dall'astratto consumismo delle parole facili. Dico questo, perché, difficilmente anche io, nella vita di tutti i giorni, mi lascio colpire da quello che fa più rumore o che tocca più da vicino. Mentre invece dimentico di ascoltare la sapienza di Dio, che è nel mistero della salvezza queste cose Dio le ha rivelate a noi per mezzo dello Spirito; lo Spirito infatti conosce bene ogni cosa, anche le profondità di Dio (1Cor 2,6.7.10). In tanti passaggi della vita, proviamo a cercare il nostro Gesù sulla strada che introduce nella comunione con il Padre Dio.

Mentre attraverseremo la porta santa, guardando la maestosità angelica della Basilica Vaticana, con lo sguardo alla preghiera ripetiamo l'invito fatto dell'Arcivescovo di Milano Mons. Mario Delpini che scrive cosi:

"Guardo a Gesù perché lo amo. L'incontro con Gesù mi ha insegnato ad amare. Mi ha insegnato l'amore. Guardo a Gesù e lo amo, perché ho imparato che l'amore non una specie di tempesta emotiva che come improvvisamente nasce improvvisamente muore. Guardo a Gesù perché consegno a lui la mia vita, la mia storia, la mia speranza. Guardo a Gesù e lo amo, perché l'amore non è la pretesa di possedere, ma la decisione di servire, di prendersi cura, di essere fedele alla promessa. Guardo a Gesù e lo amo, lo amo per sempre, perché l'amore non è una esperienza, ma una vita condivisa e condividere la vita di Gesù significa vivere per sempre, vivere della vita di Dio"

Il messaggio del Giubileo contiene un annuncio di novità: Non temete! C'è un padre che aspetta di essere abbracciato, c'è un figlio che invoca l'abbraccio del padre misericordioso. L'anno Santo, riunisce la famiglia di Dio, nell'esultanza festosa che rimanda all'inno delle folle di Gerusalemme che vanno incontro a Gesù gridando in ogni lingua: Osanna! Benedetto colui che viene nel nome del Signore, il re d'Israele! Si sperimenti una gioia rinnovata per una città che rivive e celebra la festa nuova!" Per essere una Chiesa che nel suo cammino storico e travagliato, diventa sempre più dono che genera nella speranza: la sapienza di Dio. L'esempio e l'intercessione dei santi che ci hanno preceduto nel cammino terreno, ci renda fieri della nostra fede, consapevoli delle nostre responsabilità per l'edificazione della chiesa stessa di Cristo Gesù. Riconoscere la voce che ci chiama, significa riconoscere la presenza di Lui che ci consola, mentre dirà anche a noi: Va' dai miei fratelli e di' loro: Salgo al Padre mio e Padre vostro, Dio mio e Dio vostro.

Difronte allo stupore benevolo del Padre, sarebbe bello se recitassimo coralmente questa preghiera, meditata e scritta mentre tra l'imbrunire della mia camera, ho cercato di consegnarvi questo libretto:

Dinanzi alla Porta Santa, o Signore, il nostro sguardo si trasforma in sguardo della fede che riconosce in Te la potenza di Dio che perdona e salva.

Dinanzi alla Porta Santa, o Signore, il nostro sguardo si trasforma in sguardo dell'amore che decide di rispondere alla Tua chiamata che si fa dono. Il Tuo sguardo è lo sguardo della speranza che ci spinge al desiderio di affidare a Te la nostra vita, la nostra storia, la nostra speranza. Amen.

CRISTO NELLA NOSTRA STORIA

Nel vivere lo straordinario anno giubilare, non possiamo fare almeno di rileggere dentro la nostra vita, lo straordinario scenario della passione e morte di Gesù Cristo. Mi permetto di farlo con Giovanni Papini, scrittore e poeta fiorentino che seguito della sua conversione, nel 1921, scrisse *Storia di Cristo*, opera che ebbe molta risonanza perché fu pubblicizzata come l'esito della vicenda intellettuale ed esistenziale di un artista, fino a quel momento, vivacemente dissacratore della tradizione e della religione. La vita di Gesù, presentata per brevi capitoli, inizia con una lunga presentazione, nella quale Papini spiega i motivi del suo scritto e i suoi intendimenti nel proporre un argomento così contro-corrente.

Ne riporto alcuni brani. *"Cristo, invece è sempre vivo in noi. C'è ancora che l'ama e chi l'odia. C'è una passione per la passione di Cristo e una per la sua distruzione... Nessun tempo fu, come questo, tanto diviso da Cristo e così bisognoso di Cristo. Ma per ritrovarlo non bastano i vecchi libri.*

Le vite di Gesù destinate ai devoti esalano quasi tutte un non so che di mucido e stantio che respinge, fin dalle prime pagine, il lettore avvezzo a più delicati e sostanziali pasti."

Dopo tali premesse l'autore presenta cosa l'uomo di oggi desidera incontrare: "*un libro vivo, che renda più vivo Cristo, il sempre vivente, con amorosa vivezza, agli occhi dei vivi. Che lo faccia sentir presente, d'una eterna presenza, ai presenti. Che lo raffiguri in tutta la sua vivente e presente grandezza – perenne e perciò anche attuale – a quelli che l'hanno vilipeso e rifiutato, a coloro che non lo amano perché non hanno mai veduto la sua vera faccia."*

A questo punto Papini può "giustificare" la sua opera di laico già miscredente per credenti e miscredenti, un'opera quindi accreditata dalla vicenda passata del suo stesso autore: *"un libro siffatto l'autore del presente non pretende d'averlo fatto lui, benché confessi di averci pensato spesso: ma per lo meno ha tentato, per quanto arrivavano le sue capacità, di accostarsi a quell'idea pur tenendomi fedele alle parole delle Rivelazione e ai dogmi della Chiesa Cattolica s'è studiato, talvolta, di ripresentare quei dogmi e quelle parole in modi diversi dai soliti, con uno stile violento d'opposizioni e di scorci, ravvivato da termini crudi e risentiti, per vedere se l'anima d'oggi, avvezze ai pimenti dell'errore, potessero svegliarsi ai colpi della verità."* L'autore stesso, quindi, motiva l'uso di un linguaggio violento, quasi ad invettiva, proprio per risvegliare alla Verità la coscienza addormentata dei lettori moderni.

Non ci soffermiamo sui capitoli relativi all'infanzia e alla vita di Gesù, ne proponiamo invece alcuni tratti dal secondo tomo sulla passione, morte resurrezione del Cristo.

Tutti gli autori, e Papini compreso, si interrogano in particolar modo su Guida Iscariota (Ishkarioth), sul mistero del suo tradimento, soprattutto sulle motivazioni di tale azione ignobile.

Ma chi è in realtà Giuda, che personalità si nasconde nelle parole lapidarie della Scrittura?

Papini presenta un ampio ventaglio di ipotesi, ma non ne abbraccia alcuna: "*Il mistero di Giuda è legato a doppio nodo al mistero della Redenzione e rimarrà per noi miseri un mistero"*; ma poi aggiunge: *se Gesù non fosse stato venduto sarebbe mancato qualcosa alla perfetta ignominia dell'espiazione."*, quindi Giuda non solo è traditore, ma è colui che ha venduto, barattato a basso prezzo un uomo, l'Uomo; Giuda fu un venditore di sangue.

Dopo aver descritto in più capitoli l'ultima cena, l'autore si addentra nel vivo del racconto evangelico con l'agonia di Gesù nell'orto degli ulivi. Solo Papini presenta questo momento come una seconda tentazione del Cristo, dopo quelle che egli subì nel deserto prima della sua vita pubblica "... *ora, in questo nuovo deserto, in questa tenebra dove Gesù è solo, spaventosamente solo Satana torna ad insidiare il suo nemico. L'altra volta gli prometteva le grandezze dei regni ora ricorre al contrario: spera nella sua debolezza.*"

Papini accenna solo a questo profondo tormento del Cristo, poi si ritrae, quasi impaurito da tanto suo ardire: *"il racconto di questa notte è il mistero di Gesù. Il mistero di Giuda è il solo mistero umano dell'Evangelo, la Preghiera del Getsemani è il più imperscrutabile mistero divino della storia di Cristo.*"

Ora il Cristo in questa lotta con le Tenebre gronda sangue, "*suda per tutta la persona... il sangue che ha promesso agli uomini comincia a versarlo sull'erba del Monte degli Ulivi.*"

La lotta che Gesù affronta è il diretto confronto tra arbitrio ed obbedienza, cioè tra arbitrio e vera libertà: "*la volontà abdica nell'ubbidienza che sola assicura la libertà universale. Non è più un uomo ma l'Uomo; l'Uomo tutt'uno con Dio, una cosa sola con Dio: voglio quello che vuoi.*"

Inquietante la descrizione che viene fatta di Anna (Hanan) e di Caifa (*Cajafa*, soprannome che ha diverse assonanze con *Cefa*, fa notare Papini): uomini senza scrupoli, più attenti agli intrighi di potere che alla religione dei Padri, più interessati ai risvolti politici della predicazione di questo sedicente messia che alle sue parole. Con Giuseppe *Cajafa*,

Pietra, appare anche Simone *Cefa*, Pietra nel momento culminante del suo tradimento e del successivo, desolato pentimento al canto del gallo, raccontato dallo scrittore con toni lirici e struggenti: "*quel canto ilare e baldanzoso fu per Simone come il grido che sveglia di colpo l'assopito da un incubo; Come il ricordo improvviso di un discorso udito in un'altra vita, come il ritorno alla casa della puerizia, all'orto mattiniero, disteso fra il lago e le campagne, come una voce da tanto tempo dimenticata che illumina una vita come un lampo la notte. Allora si poté vedere, nell'incertezza dell'albore, un uomo che andava via come un ubriaco, col capo nascosto nel mantello, e le spalle scosse dai singhiozzi d'un pianto disperato".*

Sono numerosi i capitoli che Papini dedica alle torture inflitte a Gesù, ben otto, quasi volesse raccontare in tempo reale, attimo per attimo, la sofferenza fisica e spirituale del Cristo. I toni sono realistici, forti, impietosi sia nel tratteggiare giudei, romani che lo stesso Gesù sotto il peso dei tormenti. Il consiglio ebreo che giudica il Signore è un canile di spettri; i giudei sono vecchi, massicci, nasuti, arcigni, cipigliosi, chiusi nei manti bianchi, le teste coperte da un panno, le barbe carezzate e reverenziali, gli occhi pugnaci. Il Cristo in questo consesso, *"sempre colla fune annodata ai polsi spinto in mezzo a codesto canile"*, pareva il condannato *ad bestias* negli anfiteatri romani; Egli tace e i suoi silenzi sono gravi di una soprannaturale eloquenza che ha il potere di invelenire i suoi giudici.

Tutto ciò fino alla domanda diretta di Caifa, alla quale Gesù non può non rispondere perché per quella suprema testimonianza è venuto.

I gaglioffi del Tempio prendono in consegna Colui che con le sue stesse parole si è condannato: *"l'uomo bestia, quando è certa l'impunità, non conosce più bel sollazzo di questo: sfogarsi contro l'inerme, con maggior gusto quando l'inerme è innocente...",* poche parole che bastano a farci comprendere le bestialità cui fu oggetto l'Innocente per eccellenza.

Un altro personaggio di questo dramma è Ponzio Pilato, il procuratore romano: se da principio il giudizio che Papini dà su di lui pare abbastanza attenuato, poi però non gli risparmia le sue incapacità, i suoi tentennamenti, o meglio, l'essersi mosso per ragion di Stato e non per amore di Verità:

"Pilato, a forza di stratagemmi, di rinvii, d'indolenti interrogazioni, di mezzi termini e mezze misure, di titubanze, di risoluzioni maldestre e ringoiate, di mosse mal eseguite, si trovava ora precipitato lentamente dove non sarebbe voluto cadere". Unica nota luminosa e positiva Claudia Procula, la moglie

del procuratore, che la Chiesa orientale venera come santa, poiché si è mossa a favore di Gesù. Terribile il capitoletto *Un re incoronato*, per la crudezza di descrizione, per la violenza trattenuta a stento dalle parole nel suggerire le flagellazioni.

Il triste corteo con il condannato a morte procede alla volta del Calvario. *in cima alla callotta del Teschio le Tre Croci, alte, scure, colle traverse aperte, come giganti pronti all'abbraccio, campeggiano sul gran cielo amoroso di primavera. Non gettano ombre ma sono orlate dalle riverberazioni scintillanti del sole. È tanta la bellezza del mondo, in quel giorno, in quell'ora, che non sembra possibile pensare ai tormenti; non si potrebbe, quell'antenne di legno, fiorirle con fiori di campo e sospendere, dall'una all'altra, festoni di foglie nuove, mascherate i patiboli con muraglie di verdura e sedere all'ombra, fratelli riconciliati e benevoli, per tutta la siesta?".*

Stupiscono questi squarci lirici che frammezzano la narrazione dell'orrore, dell'odio degli uomini verso il Cristo, eppure Papini sceglie di procedere così: allenta la tensione di un narrare serrato con la calma e la tranquillità di questi paesaggi interiori.

Con quattro chiodi, impietosamente, Cristo è conficcato alla croce tra il clamore dei suoi avversari e il silenzioso compianto delle donne, della madre e di Giovanni.

Accanto a lui soffre Dismas: *in un impeto di fede, come se invocasse la comunanza di quel sangue che grondava nello stesso momento dalle sue mani di criminale e da quelle mani d'incolpevole, proruppe in queste parole: Gesù, ricordati di me quando verrai nel tuo Regno!"*

"Il respiro di Gesù si faceva sempre più rantolante... Il cielo, ch'era stato limpido tutta la mattina, quasi improvvisamente si oscurò... Cristo è morto. È morto sulla croce come gli uomini hanno voluto, come il Figlio ha scelto e il Padre accettò. L'agonia è finita e i Giudei son contentati. Ha espiato fin

all'ultimo ed è morto. Ora comincia la nostra espiazione – e non è ancora finita.".

I capitoli conclusivi rivivono, con commozione intensa in cui balena la medesima esperienza trasfigurante dell'autore neo-convertito, gli episodi che dalla resurrezione si dipanano fino all'ascensione di Cristo al Padre.

Veramente degna di nota, a nostro avviso, è la preghiera finale, nella quale si condensa tutta la fede ardente di Papini: *"Abbiamo bisogno di te, di te solo, e di nessun altro. Tu solamente, che ci ami, puoi sentire per tutti noi che soffriamo, la pietà che ciascuno di noi sente per sé stesso. Ma noi, gli ultimi, ti aspettiamo. Ti aspetteremo ogni giorno, a dispetto della nostra indegnità e d'ogni impossibile.*

È tutto l'amore che potremo torchiare dai nostri cuori devastati sarà per te, Crocifisso, che fosti tormentato per amor nostro e ora ci tormenti con tutta la potenza del tuo implacabile amore."

(Giovanni Papini, *Storia di Cristo*, Firenze, 1945)

CONCLUSIONE

Credo che il Giubileo ci insegni che ancora dobbiamo imparare a capire nel profondo esistenziale, la fecondità del bacio dell'amore: dono supremo concesso dal Padre. Abbiamo ancora tanto cammino da fare in questo Anno Santo! Mi immagino sempre la mia vita sul monte degli ulivi, per sentire e prendere con me l'angoscia che Gesù provo, nell'abbandono solitario che hanno segnato la cristianità intera. La notte porta per sua natura la tristezza, la malinconia, quella stessa che provò Gesù nel Getsemani. È nel luogo del complimento, Gesù smette di parlare e diventa ciò che ha detto: «Padre, nelle tue mani rimetto il mio spirito». (Luca 23,46). Queste parole per noi che varchiamo la porta santa diventato un mistero grande! Ecco perché non possiamo nel mondo essere apparenza, al contrario dobbiamo essere sostanza, in quando il Signore, che è mistero donato a noi, ci contagia della sua per presenza viva. La Chiesa nel vivere il Giubileo della Speranza, è chiamata a testimoniare e donare il cuore della Trinità, come intimo più profondo del mistero di Dio.

Seguendo l'invito dell'Evangelista Giovanni: "li amò sino alla fine", dunque, dobbiamo assumere l'amore come motivazione principale di questo cammino che ci condurrà a Roma, accanto al successore di Pietro, accanto al Santo Padre: vicario di Cristo in terra, per confermarci nella fede. Direi per rinnovare la nostra professione di fede!

Il Giubileo ci mostra, nel suo "essere speranza", il senso di tutta la storia, e il senso del destino di ognuno di noi che come piccole fiaccole desiderano illuminare la notte pasquale. Perché, innestati anche noi all'albero della croce, possiamo entrare con lui nel grande passaggio terreno che dice il senso della nostra vita e della storia umana. Penso anche, che vivere questo tempo favorevole di riconciliazione fraterna: significhi poter rinascere sul far del mattino a nuova primavera; coltivando la speranza rivoluzionaria dell'amore che vince anche la morte. Non vorrei essere ripetitivo, ma credo fortemente che il 2025 per la chiesa tutta: sia un germoglio di speranza vera! Perché attraverso il pellegrinaggio che ciascuno di noi vivrà a Roma, sulla tomba dell'apostolo Pietro, non sarà soltanto motivo di un antico rito, ma un sentirci abbracciati dal Signore Gesù, che restituirà alla nostra anima: la limpida direzione del cielo.

Ho cercato di descrivere questo giubileo come una corsa verso della gioia, per essere sorpresi dalla tenerezza del Padre.

Lasciamoci dunque, sorprendere dalla tenerezza di Dio che ci visita ogni giorno, stringendoci la mano e conducendoci verso la vita che germoglia nel nostro cuore e chiede di essere raccontata, di cuore in cuore, di città in città, di periferie esistenziali quasi sempre emarginati. Dobbiamo in questo Giubileo raccontare la vita, per seminare speranza. Dobbiamo in questo Giubileo far fiorire la gioia, di cuore in cuore, per essere pellegrini di speranza.

Concludendo, vorrei condividere con voi una preghiera rivolta al Signore: una preghiera a Lui che è la Porta Santa.

Signore Gesù,
Tu hai chiamato i primi discepoli a seguirti, hai chiamato loro affinché la Tua opera di salvezza continuasse a curare le ferite umane.
Fa' che l'incontro con Te nei giorni feriali, diventino primizia e sorgente della Tua aurora nascente.
Signore Gesù,
ricordaci che tutto passa: solo Dio resta!

Grazie, Signore,
per il dono generoso del Tuo amore!
Grazie per averlo fatto; stupore inesauribile e una fede grande che inonda a noi nel corpo Eucaristico.

Grazie, Signore,
perché continui ad amare così tanto la tua Chiesa.
Grazie, Signore,
perché la rendi ogni giorno giardino di unità e germoglio di speranza.
Signore Gesù,
nel cammino luminoso del Giubileo, possa il nostro cuore ripercorrere la Tua Croce, per raggiungere l'esplosione viva del canto gioioso dei figli di Dio.

Signore Gesù,
dinanzi alla Porta Santa, ti invochiamo: "Abbi pietà di noi, e donaci l'unica speranza capace di farci sorridere ancora. Amen.

Alla soglia della Porta Santa: preghiamo cosi!

Printed by Books on Demand GmbH, Norderstedt / Germany